TOME 4

PRINCESSE NINA

SCÉNARIO

Michel Rodrigue

DESSIN

Antonello Dalena

Manuela Razzl

COULEUR

Cecilia Giumento

LE LOMBARD

BRUXELLES

DES MÊMES AUTEURS,
AUX ÉDITIONS DU LOMBARD

Par Michel Rodrigue

Bidule
(avec Pierre Aucaigne et Adeline Blondieau)
3 titres parus

Le Chat qui courait sur les toits
(avec René Hausman)
1 titre

Clifton
(avec Bob de Groot)
4 titres parus

Doggyguard
(avec Bob de Groot)
3 titres parus

Écosse, Terre de légendes
(avec David Pellet)

Le Maître des Ogres
(avec Vincenzo Cucca)
3 titres parus

Les nouvelles aventures de Cubitus
(avec Pierre Aucaigne)
6 titres parus
(avec Erroc)
2 titres parus

Sybil, la fée cartable
(avec Antonello Dalena et Manuela Razzi)
4 titres parus

Par Antonello Dalena

Ernest et Rebecca
(avec Guillaume Bianco)
4 titres parus

Sybil, la fée cartable
(avec Manuela Razzi et Michel Rodrigue)
4 titres parus

Par Manuela Razzi

Sybil, la fée cartable
(avec Antonello Dalena et Michel Rodrigue)
4 titres parus

BLOGS DES AUTEURS

http://antonellodalena.blogspot.com
http://ceciliagiumento.blogspot.com

À ma femme Elisabetta.
ANTONELLO

Première édition

Lettreur : Michel Brun

D/2013/0086/012
ISBN 978-2-8036-3222-0

Dépôt légal : février 2013
Imprimé en Belgique par Lesaffre

LES ÉDITIONS DU LOMBARD
7, AVENUE PAUL-HENRI SPAAK
1060 BRUXELLES - BELGIQUE

WWW.LELOMBARD.COM

TAGADAGADAP

TAGADAGADAP
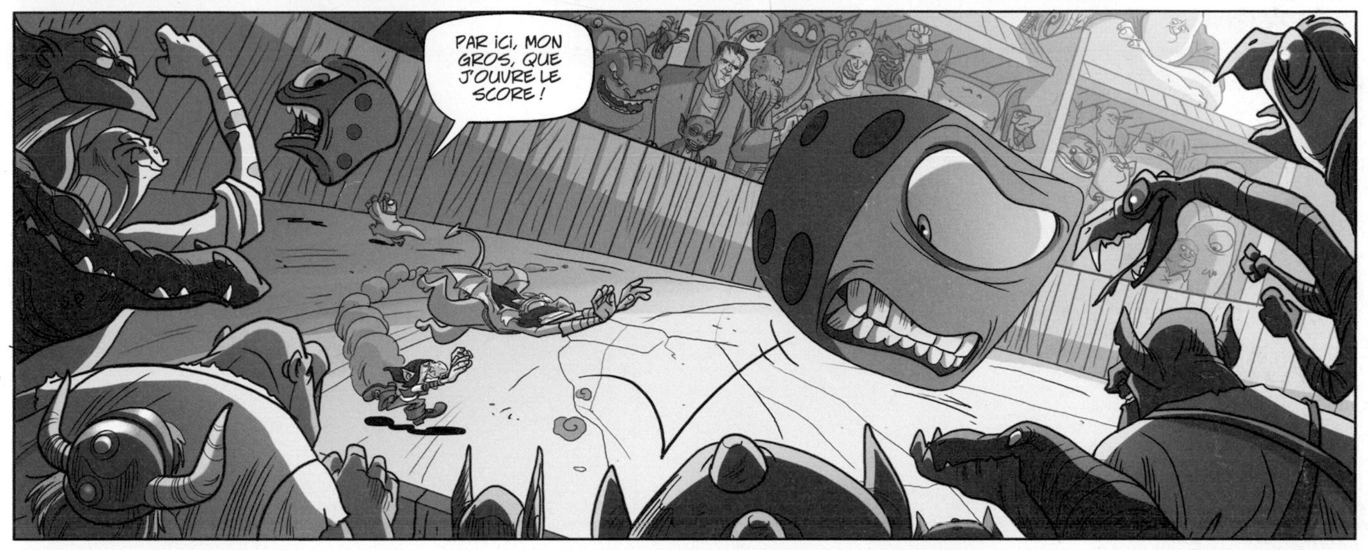
PAR ICI, MON GROS, QUE J'OUVRE LE SCORE !

MMMPFF !

HAN !
CINQ !

BRAVO ! BIEN JOUÉ !
ALLEZ, PANDIGOLE ! TU VAS GAGNER !

CINQ !

ÉGALITÉ !
HOUHOU !
ALLEZ !
FEIGNASSE !
ON VA GAGNER !

DEUX !

OH NON ! SEPT À CINQ !
ET IL RESTE UNE MINUTE DE JEU !

ALLEZ ! ENCORE UN EFFORT ! ON A DEUX POINTS D'ÉCART !
ON A SONNÉ ?

AGGNNMPFF !
ON EST OÙ, LÀ ?

TROIS !

HUIT À SEPT !
FIN DU MATCH !

OUAIS ! ON A GAGNÉ !
ET VOILÀ COMMENT ON DEVIENT CHAMPION, LES GARS !

ÇA N'A PAS ÉTÉ FACILE MAIS ON LES A EUS ! QUE VOULEZ-VOUS, JE SUIS NÉ CHAMPION ! J'AI ÇA DANS LE SANG !
OUAIS !
OOOH !
AAAH !

JE PEUX AVOIR UN AUTO-GRAPHE ?
MOI AUSSI, PANDIGOLE !
UNE PHOTO !
PAR ICI !

DIS DONC, PANDIGOLE...
PLUS TARD ! TU NE VOIS PAS QUE JE SUIS OCCUPÉ !

TU NE BOSSES PLUS POUR SYBIL ?
C'EST PLUTÔT ELLE QUI NE PEUT PLUS SE PASSER DE MOI ! SI JE N'ÉTAIS PAS LÀ, ELLE SERAIT PERDUE !

C'EST ÇA ÊTRE UN HÉROS ! TOUJOURS SUR LA BRÈCHE ! TOUT LE MONDE VOUS DEMANDE ! TENEZ, LA DER-NIÈRE FOIS...

... GRÂCE À MOI, NINA A RETROUVÉ SON PÈRE ET SYBIL A VAINCU AMANITE !

D'AILLEURS, LE DEVOIR M'APPELLE ! DÉSOLÉ, LES FILLES, MAIS VOTRE HÉROS DOIT VOUS QUITTER.
OOOOOHH !!!

ET POUR CLÔTURER CETTE PREMIÈRE SEMAINE DE RENTRÉE, VOICI LE TRAVAIL À RÉALISER CE WEEK-END.
BEUUUHH !!!

ON NE PROTESTE PAS ! CETTE ANNÉE VA ÊTRE CHARGÉE, VOUS AUREZ ENCORE DU TRAVAIL !
REVOIR LES MATHS, LA PHYSIQUE, L'ANGLAIS...

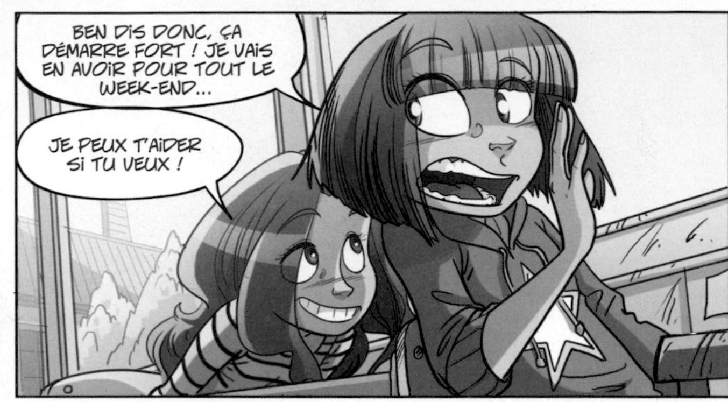
BEN DIS DONC, ÇA DÉMARRE FORT ! JE VAIS EN AVOIR POUR TOUT LE WEEK-END...
JE PEUX T'AIDER SI TU VEUX !

NON, NON ! ÇA IRA, MERCI. JE NE SUIS PAS TOUTE SEULE, TU SAIS !

C'EST VRAI, TU AS TON PÈRE MAINTENANT !
MON PÈRE ?... EUH... AH OUI ! OUI !

NINA ! JEANNE ! VOUS PARLEREZ QUAND JE VOUS INTERROGERAI ! D'ICI LÀ JE NE VEUX PLUS VOUS ENTENDRE !
JE SOUHAITE VOUS PRÉSENTER UN NOUVEL ÉLÈVE...

VOICI ANTOINE, QUI ARRIVE DE L'ÉTRANGER. JE VOUS DEMANDE DE L'AIDER À S'INTÉGRER DANS L'ÉCOLE !

AVANT DE VOUS LIBÉRER POUR VOTRE COURS DE SPORT, NOUS ALLONS ÉCOUTER LORIE QUI A UNE ANNONCE À VOUS FAIRE...
... LORIE, SI TU VEUX BIEN VENIR...
OUI, MADAME !

VOILÀ : DIMANCHE C'EST MON ANNIVERSAIRE ET VOUS ÊTES TOUS INVITÉS CHEZ MOI POUR UNE SUPER FÊTE !
OUAIS !
CHOUETTE !
GÉNIAL !

JE PRÉCISE JUSTE QUE CE SERA COSTUMÉ ! JE COMPTE SUR VOUS POUR TROUVER DES DÉGUISEMENTS ORIGINAUX ! RENDEZ-VOUS CHEZ MOI À PARTIR DE 13 HEURES !

ANTOINE, TU ES AUSSI INVITÉ, BIEN SÛR !
COMME ÇA ON APPRENDRA À MIEUX SE CONNAÎTRE !

ÇA Y EST ! LA VOILÀ QUI FAIT SON NUMÉRO D'APPROCHE !
HI ! HI ! HI ! TU NE SERAIS PAS UN PEU JALOUSE, TOI ?

PFF ! N'IMPORTE QUOI ! JE NE VOIS PAS POURQUOI JE SERAIS JALOUSE DE CETTE PINTADE DE LORIE !
BEN, IL EST PLUTÔT MIGNON, LE PETIT NOUVEAU !

ET POUR COMPLÉTER CE QUE VIENT DE DIRE LORIE, VOUS PRÉPAREREZ POUR LUNDI UN EXPOSÉ SUR LES MOMENTS-CLÉS DU RÈGNE DE NAPOLÉON IER !
OOOOOHH !

WOUAH ! TU AS LES DERNIÈRES « MIKE'AIR » !
ÉVIDEMMENT ! JE NE VAIS PAS REMETTRE MES CHAUSSURES DE SPORT DE L'ANNÉE DERNIÈRE !

IL N'Y A QUE CETTE CHÈRE NINA POUR PORTER DES VIEILLES FRINGUES DÉMODÉES !
C'EST LE SURVÊT DE TA GRAND-MÈRE, NINA ? IL CORRESPOND BIEN À TON STYLE VINTAGE-RINGARD !

TOI, UN DE CES JOURS, JE...
MAIS LAISSE TOMBER CETTE COURGE, NINA ! ELLE TE PROVOQUE EXPRÈS !
VIENS ! SORTONS !

ELLE A PEUT-ÊTRE LES DERNIÈRES FRINGUES À LA MODE MAIS ELLE EST NULLE EN SPORT !
TU IRAS À SON ANNIVERSAIRE ? TU VAS TE DÉGUISER EN QUOI ?

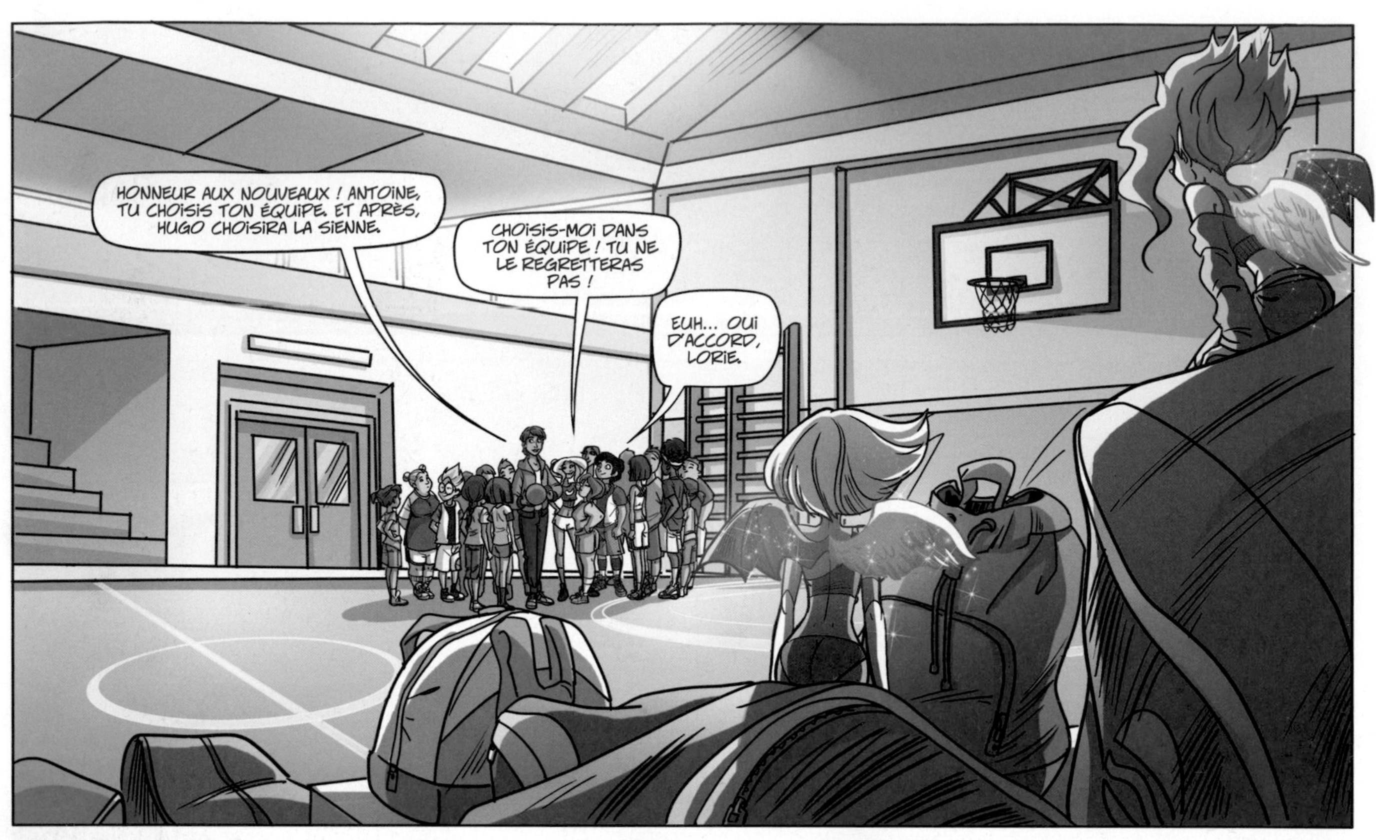
HONNEUR AUX NOUVEAUX ! ANTOINE, TU CHOISIS TON ÉQUIPE. ET APRÈS, HUGO CHOISIRA LA SIENNE.
CHOISIS-MOI DANS TON ÉQUIPE ! TU NE LE REGRETTERAS PAS !
EUH... OUI D'ACCORD, LORIE.

BON, BEN, JE CHOISIS LORIE, BENJAMIN...
... ESTELLE, RAFI...

... CARL, NINA...
OH NON ! PAS CETTE NULLE DE NINA !

QUOIQUE ÇA PEUT DEVENIR MARRANT...
... SI AMANITE ME DONNE UN PETIT COUP DE MAIN !

?

QU'EST-CE QUE TU MANIGANCES, AMANITE ? JE TE PRÉVIENS, SI...
SI QUOI ? TU FERAS QUOI ? PERSONNE NE NOUS VOIT OU NE NOUS ENTEND À PART LORIE ET NINA ! ALORS RESTE COOL ET PROFITE DU MATCH !

TWRIITT !!!

VAS-Y !
À MOI !

OUAIIS !
BIEN JOUÉ !

DÉMARQUEZ-VOUS, LES ROUGES !

À TOI, LORIE ! SHOOTE !
YEEES !

HEY !

HI ! HI ! HI ! ÇA T'AIDE BEAUCOUP, TA NOUVELLE TENUE !
ÇA VA ! FERME-LA !

PRÉPARE-TOI, AMANITE !
O.K., MA POULETTE !

ICI ! À MOI ! À MOI !

AVANCEZ, LES ROUGES ! VAS-Y, NINA, DÉMARQUE-TOI !

NINA ! À TOI !

JE SUIS BIEN PLACÉE, LÀ.

DEVIAS SPHÉRIS CATCHUM !

JE VAIS POUV...
AÏE!
BUNK

STOP! ARRÊTEZ !
ÇA VA, NINA ? PAS TROP MAL ?
MMGNNN...
HI ! HI ! HI ! EN PLEIN DANS SON PIF !

VA AUX VESTIAIRES TE PASSER DE L'EAU FROIDE, NINA !
ALLEZ, ON REPREND !
OH, EXCUSE-MOI, NINA... JE NE COMPRENDS PAS CE QUI S'EST PASSÉ...

TU TE CROIS DRÔLE ?
TU ES VRAIMENT LA PLUS TARÉE DES FÉES !

HÉ, HO, COOL, LA GRAVURE DE MODE !
C'EST PAS MÉCHANT, JUSTE UNE PETITE FARCE !

JE TE PRÉVIENS, GROSSE TACHE : ENCORE UN COUP COMME ÇA ET JE...
ET TU... QUOI ? TU SAIS TRÈS BIEN QUE TU ES INCAPABLE...

... D'ÊTRE MÉCHANTE GRATUITEMENT !
GRRR...

ÇA VA MIEUX, NINA ? JE SUIS VRAIMENT DÉSOLÉE !
MAIS COMME ÇA, TU AS DÉJÀ UN NEZ ROUGE SI TU VEUX TE DÉGUISER EN CLOWN POUR MON ANNIVERSAIRE !

OH TOI ! JE... JE...
OUI ?

NT ! NT ! NT ! PAS DE VIOLENCE INUTILE, NINA ! ÇA NE RÉSOUT RIEN !

TU AURAS BIENTÔT TA REVANCHE, NE T'EN FAIS PAS !

TWRiiiT ! TWRiiiT ! TWRiiiT !
OUAiiiS ! ON A GAGNÉ ! ON EST LES MEILLEURS !

ALLEZ ! TOUT LE MONDE AU VESTIAIRE !
ÇA VA TON NEZ, NiNA ?
EUH...
NiNA ? ÇA VA ?

EUH... AH, ANTOINE... EUH... OUi... OUi... ÇA VA.

MERCi...

ALLONS ! ALLONS ! PAS DE SENSIBLERIE iNUTILE !

NiNA EST UNE DURE À CUiRE ! ELLE FAiT DE LA BOXE !
UN TRUC SUPER FÉMiNiN ! Hi ! Hi ! Hi !
AH ?

NiNA ?
CLAC !
COMME SON SUPER CARACTÈRE TRÈS DOUX ! UNE VRAiE PRINCESSE !

ÇA VA MIEUX, TON NEZ ?
OUI, OUI !
EH BIEN, L'ANNÉE DÉMARRE EN FANFARE ENTRE LORIE ET TOI !

TU SAIS TRÈS BIEN QUE C'EST TOUJOURS ELLE QUI COMMENCE !
HOULA, HOULA ! COOL, NINA !

HUGO LE SAIT TRÈS BIEN, NINA ! COOL !
ET PUIS, JE NE VOUDRAIS PAS ME FAIRE BOXER PAR TOI !

PFF ! T'ES BÊTE, HUGO !
BON, À DIMANCHE POUR L'ANNIVERSAIRE DE CETTE NOUILLE, ALORS !

O.K. ! ON PASSE TE PRENDRE !
MERCI, LES JUMEAUX ! BONNE SOIRÉE !
À DIMANCHE, NINA !

COUCOU, TOUT LE MONDE ! MAMAN N'EST PAS RENTRÉE ?
ELLE ARRIVE ! UNE DE SES NOMBREUSES RÉUNIONS S'EST TERMINÉE TARD ! ET TOI, BONNE JOURNÉE ?

OH, MAIS QU'EST-CE QUI EST ARRIVÉ À TON NEZ ?
PFF ! RIEN ! UN BALLON A ATTERRI DESSUS !
NINA ! NINAAA !

AU FAIT, DEMAIN TA MÈRE ET MOI ALLONS ACHETER QUELQUES ARBRES POUR LE JARDIN, TU POURRAIS GARDER LÉO ?

HOHO ! MAIS LES TARIFS DE BABYSITTING ONT SÉRIEUSEMENT AUGMENTÉ, MONSIEUR !
BIEN, MADEMOISELLE, ET C'EST COMBIEN ?

POUR CETTE FOIS, CE SERA GRATUIT !
JE SUIS TROP CONTENTE DE T'AVOIR DE NOUVEAU AVEC NOUS !

LE LENDEMAIN...
TU VAS VOIR, LÉO, ÇA VA ÊTRE RIGOLO !

LÉO NE VERRA QUE LE RÉSULTAT DE MA MAGIE, TU LE SAIS BIEN, NINA.

OUI, MAIS C'EST QUAND MÊME DINGUE, CE TRUC, JE SUIS LA SEULE À POUVOIR T'ENTENDRE ET TE VOIR...

... PAR CONTRE, TOUT LE MONDE PEUT APPRÉCIER TES TOURS DE MAGIE !
OUI, C'EST COMME ÇA ! ON N'Y PEUT RIEN !

BIEN, ON COMMENCE LES DEVOIRS !
PANDIGOLE ! GAAARDE À VOUS !

PANDIGOLE, REVUE DES TROUPES !
OUI, CHEF !

ALLEZ, VITE ! TOUT LE MONDE DEHORS ! C'EST L'HEURE DES EXERCICES !

PASCIUM SIBINOMUS COSSINUS !

MAIS QU'EST-CE QUE C'EST QUE CE FOURBI ? GARDE À VOUS !
HÉÉÉ !

HI ! HI ! HI ! ÇA M'ÉCLATE TOUJOURS, CE TRUC !
PRÊTS À EXÉCUTER LES DEVOIRS ?
PRÊTS, CHEF !

UN ! DEUX ! UN ! DEUX ! ET SANS ERREUR, S'IL VOUS PLAÎT !
ALLEZ ! ALLEZ ! PLUS VITE !
C'EST VRAIMENT COOL, TES TRUCS, SYBIL !
HI HI HI !

COMME TU ES MA FÉE CARTABLE ET DONC QUE TU FAIS TOUS MES DEVOIRS...
... JE N'APPRENDS PAS GRAND-CHOSE, MOI !

DÉTROMPE-TOI, NINA ! TOUTES TES LEÇONS SONT IMPRIMÉES DANS TA MÉMOIRE À TON INSU !
JE TE LES TRANSMETS PAR TÉLÉPATHIE !

MAIS ALORS, SI TU PEUX ENVOYER DES INFORMATIONS DANS MON CERVEAU, TU PEUX AUSSI LIRE DANS MES PENSÉES ?

NON, RASSURE-TOI ! JE NE PEUX PAS SAVOIR CE QUE TU PENSES ! PAR CONTRE, NOUS AUTRES LES FÉES AVONS LA FACULTÉ DE DEVINER CE QUE LES HUMAINS VONT FAIRE !

ET LORIE ALORS ? C'EST UNE TRÈS BONNE ÉLÈVE. ELLE N'A PAS BESOIN D'UNE FÉE CARTABLE COMME AMANITE !

OH TU SAIS, JE NE CROIS PAS QU'AMANITE LUI SOIT D'UN GRAND SECOURS ! HI ! HI ! HI !
MAIS TU ES SUPER NULLE, AMANITE !
BEN, EN FAIT... EUH...

À L'ÉCOLE DES FÉES, J'ÉTAIS MEILLEURE EN MAUVAIS SORTS QU'EN COURS GÉNÉRAUX !
EH BIEN, HEUREUSEMENT QUE JE SUIS QUELQU'UN DE DOUÉ ! TU VOIS, JE N'AI MÊME PAS BESOIN DE TOI POUR MES DEVOIRS !

ON SE DEMANDE À QUOI TU ME SERS !
HÉ ! JE SUIS TA FÉE CARTABLE ! JE CONNAIS PLEIN DE SORTS ET DE TOURS DE MAGIE NOIRE !

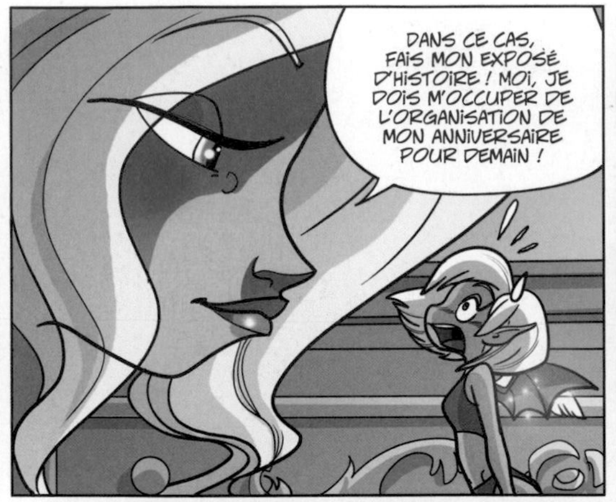
DANS CE CAS, FAIS MON EXPOSÉ D'HISTOIRE ! MOI, JE DOIS M'OCCUPER DE L'ORGANISATION DE MON ANNIVERSAIRE POUR DEMAIN !

J'AI UNE MEILLEURE IDÉE, LORIE !
DEMAIN MATIN, J'IRAI CHEZ NINA COPIER CE QU'A FAIT SYBIL !

VOILÀ UNE EXCELLENTE IDÉE, AMANITE ! MAIS JE CROYAIS QU'UNE FÉE CARTABLE NE POUVAIT PAS PÉNÉTRER DANS UNE MAISON PROTÉGÉE PAR UNE AUTRE FÉE ?
SAUF QUE SYBIL VA SUIVRE NINA POUR VENIR À TON ANNIVERSAIRE ! JE RENTRERAI À CE MOMENT-LÀ !

TU N'ES PAS BÊTE QUAND TU VEUX !
ALLONS DANS LE PARC POUR VOIR COMMENT S'ORGANISE MA FÊTE !

PAR CONTRE, TA FÊTE SE PASSE À L'EXTÉRIEUR DE LA MAISON ET LÀ SYBIL PEUT VENIR !
ÇA NE ME GÊNE PAS ! TU ES PLUS FORTE QU'ELLE !

C'EST VRAI QUE JE SUIS PLUS FORTE QUE CETTE NOUILLE DE SYBIL !
PLUS HAUT LES BALLONS ! ET METTEZ DES FLEURS PLUS COLORÉES !

VOILÀ ! TOUT EST FINI ! J'SUIS CREVÉE, MOI !
SAUF LE DEVOIR D'HISTOIRE SUR NAPOLÉON !

ON LE FERA DEMAIN MATIN AVANT D'ALLER À L'ANNIVERSAIRE DE LORIE ! TU T'ES CHOISI UN COSTUME ?
PFFF ! NON, PAS ENCORE ! ET JE N'AI PAS VRAIMENT ENVIE D'Y ALLER ! ON VERRA ÇA DEMAIN !

DIMANCHE MATIN...
VOUS SORTEZ, M'MAN ?
NOUS ALLONS JUSTE CHEZ LA VOISINE ! ELLE NOUS A INVITÉS À PRENDRE UN VERRE !

TU PARLES ! CURIEUSE COMME ELLE EST, C'EST SURTOUT POUR VOIR PAPA DE PRÈS.
EUH... HM... OUI, BON. ON NE DOIT PAS CRITIQUER LES GENS, NINA ! TU NOUS ACCOMPAGNES ?

NON, NON. JE N'AI PAS LE TEMPS. JE DOIS FINIR MON DOSSIER D'HISTOIRE ET LES JUMEAUX VONT PASSER ME PRENDRE.
C'EST VRAI QU'IL Y A L'ANNIVERSAIRE DE LORIE !

AMUSE-TOI BIEN ! À PLUS TARD !
À TOUT À L'HEURE !

YEPEE !

SYBIL ! SYBIL ! RÉVEILLE-TOI !

SYBIL ! DEBOUT, FAINÉANTE ! ON EST TOUTES SEULES ! ON VA POUVOIR FAIRE DE L'HISTOIRE AVEC TA MAGIE !

PFFF ! UN DIMANCHE MATIN ! TU ES SANS PITIÉ POUR MOI !
UNE PETITE MINUTE, S'IL TE PLAÎT !

PANDIGOLE ! MES VÊTEMENTS DU JOUR ! VITE !
GRRMMPF !

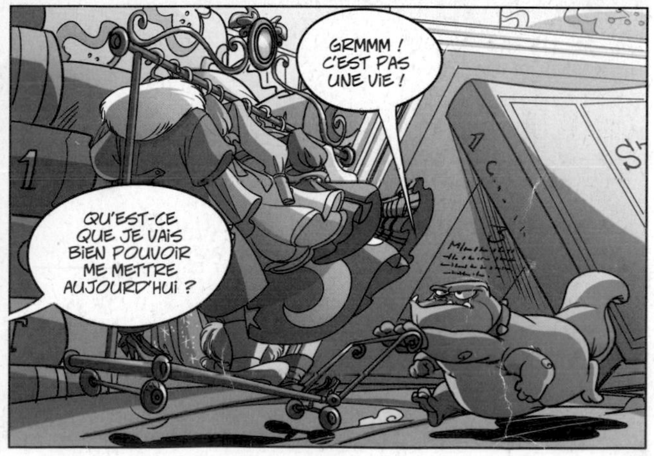
GRMMM ! C'EST PAS UNE VIE !
QU'EST-CE QUE JE VAIS BIEN POUVOIR ME METTRE AUJOURD'HUI ?

TU AS TOUJOURS AUTANT DE FRINGUES !
ALLEZ, DÉPÊCHE-TOI !
MOI AU MOINS, JE NE M'HABILLE PAS N'IMPORTE COMMENT, MADEMOISELLE NINA !

TENEZ, VOILÀ VOTRE PETIT-DÉJ' !
NON MERCI. CE MATIN, JE NE MANGE PAS. J'AI ENCORE QUELQUES GRAMMES À PERDRE !

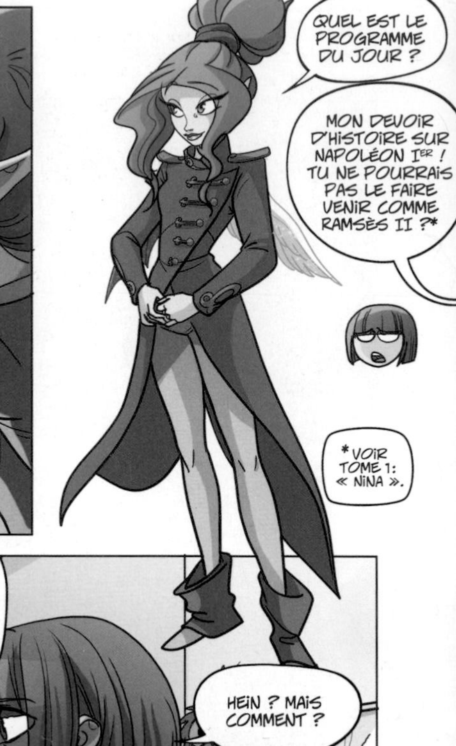
QUEL EST LE PROGRAMME DU JOUR ?
MON DEVOIR D'HISTOIRE SUR NAPOLÉON Ier ! TU NE POURRAIS PAS LE FAIRE VENIR COMME RAMSÈS II ?*
*VOIR TOME 1 : « NINA ».

NON, NON ! ÇA A CRÉÉ BEAUCOUP TROP DE PROBLÈMES ! ON VA JUSTE UTILISER TON LIVRE D'HISTOIRE !

AH BON ?! C'EST MOINS DRÔLE...
NE FAIS PAS CETTE TÊTE ! TU N'AS PAS ENCORE TOUT VU !

PLUTÔT QUE DE FAIRE VENIR L'EMPEREUR ICI, QUE DIRAIS-TU D'ALLER À SON ÉPOQUE ?
HEIN ? MAIS COMMENT ?

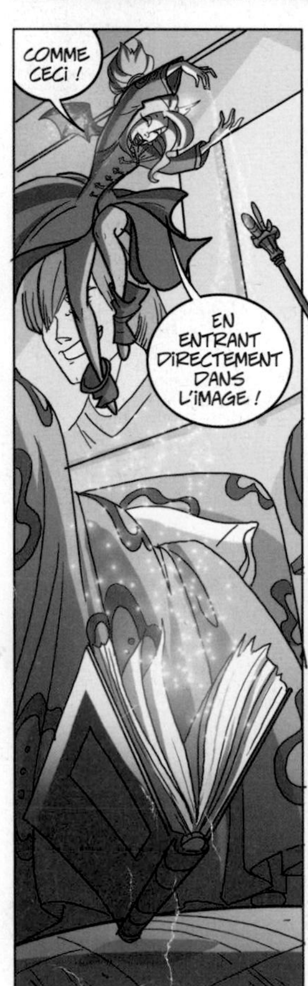
COMME CECI !
EN ENTRANT DIRECTEMENT DANS L'IMAGE !

ÇA TE DIRAIT D'ASSISTER AU SACRE DE NAPOLÉON ?
OH OUI ! JE POURRAI PRENDRE DES NOTES POUR MON DEVOIR ?

OUI, MAIS DISCRÈTEMENT ! TIENS, ON LE VOIT MIEUX SUR CETTE IMAGE !
MIAM ! MIOM !

MIRM ! SLUURP !
HÉ, PANDIGOLE ! T'ES DÉGUEU ! TU BAVES SUR MON LIVRE !
NAPOLÉON ÉTAIT AUSSI GOURMAND QUE LE PANDIGOLE ! D'AILLEURS, IL MANGEAIT TELLEMENT DE SUCRERIES QU'IL AVAIT DES MAUX DE VENTRE ÉPOUVANTABLES !
ON VA REJOINDRE LE Ier EMPIRE EN ALLANT DANS CETTE IMAGE ! TU ES PRÊTE, NINA ?
SUPER MÉGA-PRÊTE !
MAIS TU NE PEUX PAS T'Y RENDRE HABILLÉE AINSI !
HOP ! SCHILIZIKA PAVORUM SELUS !
WOAH ! C'EST QUOI, CES FRINGUES DE GRAND-MÈRE ?
PFFF ! C'EST PAS PRATIQUE !
C'EST LA MODE DE L'ÉPOQUE OÙ L'ON VA ! TU PASSERAS INAPERÇUE !
PERISISITO MAZIUNA EMPIRO SALTI !
ET ARRÊTE DE RÂLER !
ET LE PANDIGOLE ? IL NE VIENT PAS AVEC NOUS ?
NON ! J'AURAI ASSEZ À FAIRE AVEC TOI !
PFFF ! Y A PLUS DE RESPECT POUR LES HÉROS !
MAIS UN JOUR, J'AURAI MA REVANCHE ! ON FERA MÊME DES BD SUR MOI !

?
SLURRP !

AH ! ÇA SUFFIT, TOI ! JE T'AI DÉJÀ DIT QUE JE N'ÉTAIS PAS COMESTIBLE !

MOI AUSSI, J'AURAIS BIEN AIMÉ MANGER DES BONBONS AVEC NAPOLÉON !

... ET ICI SE PLACERONT VOS GÉNÉRAUX ET TOUS VOS OFFICIERS !
BIEN ! BIEN !

ET MA FAMILLE ?
POUR MADAME VOTRE MÈRE ET VOS SOEURS, JE SUGGÈRE LA LOGE AU-DESSUS...
FLAAASH !

?
CHUT ! PAS DE BRUIT !
JE ME SUIS COINCÉ LE PIED AVEC CETTE ROBE LONGUE !

ALORS, MADEMOISELLE, ON M'ESPIONNE ?
QUI VOUS ENVOIE ? LES ANGLAIS, LES RUSSES OU LES AUTRICHIENS ?

AH NON, NON !... EUH... PERSONNE. JE ME SUIS PERDUE !
JE PLAISANTAIS BIEN SÛR ! AH ! AH ! AH !

COMMENT UNE SI JOLIE ET SI INOFFENSIVE JEUNE FILLE POURRAIT ÊTRE UNE ESPIONNE ?
TU FAIS PARTIE DES DEMOISELLES D'HONNEUR DE MON ÉPOUSE JOSÉPHINE, N'EST-CE PAS ?

OUI, OUI, C'EST ÇA !
AH ! ET COMMENT SE FAIT-IL QUE JE NE TE CONNAISSE PAS ? JE CONNAIS TOUTES LES DEMOISELLES D'HONNEUR DE JOSÉPHINE !

JE VIENS D'ARRIVER DE PROVINCE ! JE SUIS LÀ POUR AIDER À LA RÉUSSITE DE VOTRE SACRE GRANDIOSE !
AAAH ! C'EST BIEN, C'EST TRÈS BIEN !

JE VAIS TE FAIRE RACCOMPAGNER AUX APPARTEMENTS DE JOSÉPHINE.
ROUSTAN !

OUI, MAÎTRE ?
COMMENT SE FAIT-IL QUE CETTE JEUNE PERSONNE SOIT ENTRÉE ICI SANS QUE TU NE L'AIES VUE ?

JE NE COMPRENDS PAS, MAÎTRE !
ÇA VA POUR CETTE FOIS ! RAMÈNE-LA CHEZ MON ÉPOUSE !
OUI, MAÎTRE !

NE RECOMMENCE JAMAIS ÇA, PETITE FILLE ! ON N'ENTRE PAS CHEZ LE FUTUR EMPEREUR COMME DANS UNE TAVERNE !
EUH... OUI, OUI, M'SIEUR !

EH BIEN, COMME ARRIVÉE DISCRÈTE, C'EST RÉUSSI !
OUAIS, J'AI INTÉRÊT À MOINS ME FAIRE REMARQUER DORÉNAVANT.

C'EST ICI, JE TE LAISSE À PRÉSENT !
MERCI, M'SIEUR !

QU'EST-CE QUE JE FAIS ? J'ENTRE ?
TU N'AS PAS LE CHOIX. LE GARDE DU CORPS DE NAPOLÉON TE REGARDE !

AH, VOILÀ ENFIN MA COUTURIÈRE !
?!

VOUS ÊTES UN PEU JEUNE POUR UNE COUTURIÈRE !
EUH... EH BIEN...
ATTENDS, NINA ! RÉPÈTE CE QUE JE TE DIS !

ALORS ? OÙ EST MA COUTURIÈRE ?
MMMMNNNH !
EUH, JE SUIS SA FILLE ! ELLE EST MALADE, JE LA REMPLACE !

AH ? MAIS MA ROBE DOIT ÊTRE PRÊTE POUR LE SACRE DE DEMAIN ! ET IL FAUT FAIRE LES FINITIONS !
NE VOUS INQUIÉTEZ PAS, JE SAIS CE QUE J'AI À FAIRE ! VOTRE ROBE SERA MAGNIFIQUE !

HÉ ! QU'EST-CE QUE TU ME FAIS DIRE ? JE N'Y CONNAIS RIEN EN COUTURE, ÇA VA ÊTRE UNE CATASTROPHE !
HIHIHI ! C'EST MA PARTIE, LA MODE...

LAISSE FAIRE TES MAINS ET TOUT IRA BIEN !
PFFiiii ! AGILUM KNITWUS COGNOSSUM !

IL FAUT AJOUTER UN RUBAN ICI. ET LÀ ON FAIT UN PLI, CE SERA MIEUX.
N'HÉSITONS PAS À DONNER DE L'AMPLEUR À CETTE ROBE !

ET CET OURLET ! IL VAUT MIEUX LE RACCOURCIR !
VOUS AVEZ DE JOLIES CHEVILLES, MADAME. IL FAUT LES MONTRER !

JOSÉPHINE ! VOUS ÊTES LÀ, MA DOUCE AMIE ?
?
TIENS, VOILÀ MON PETIT NAPO !

AÏE ! AÏE ! C'EST NAPOLÉON ! IL NE VA PAS COMPRENDRE POURQUOI J'AJUSTE CETTE ROBE ! JE LUI AI DIT QUE J'ÉTAIS DEMOISELLE D'HONNEUR !
OUPS ! VITE, UNE IDÉE !

C'EST CURIEUX...

... J'AI VU SORTIR LES PARENTS DE NINA AVEC LE BÉBÉ. ILS SONT CHEZ LA VOISINE...

... MAIS NINA ET CETTE NOUILLE DE SYBIL SONT TOUJOURS LÀ ! OR, JE NE SENS PAS SYBIL !

CE N'EST PAS NORMAL, ÇA ! UNE FÉE CARTABLE NE PEUT PAS PÉNÉTRER SUR LE TERRITOIRE D'UNE AUTRE. SEUL L'EXTÉRIEUR CONSTITUE UN TERRAIN NEUTRE...

TOUJOURS PAS D'ONDES ÉMANANT DE SYBIL...

OÙ ONT-ELLES BIEN PU... ?! HÉ, JE COMPRENDS !

SYBIL A EMMENÉ NINA DANS UNE AUTRE ÉPOQUE ! DANS CE LIVRE !
EH BIEN, PUISQUE VOUS VOULEZ VOYAGER, MESDEMOISELLES...

... VOUS ALLEZ VOUS PROMENER TOUT VOTRE SAOUL !
EXPLORUN ZÉPHYRA COULISIS VIMAIRE EURUS !

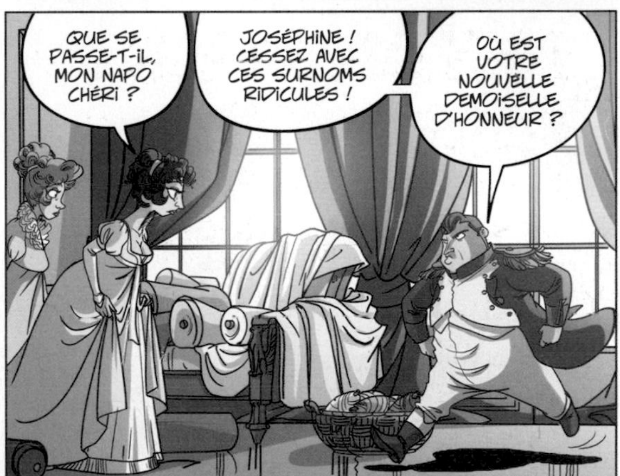
QUE SE PASSE-T-IL, MON NAPO CHÉRI ?
JOSÉPHINE ! CESSEZ AVEC CES SURNOMS RIDICULES !
OÙ EST VOTRE NOUVELLE DEMOISELLE D'HONNEUR ?

MA NOUVELLE DEMOISELLE D'HONNEUR ? MAIS JE N'AI PAS DE...
J'EN ÉTAIS SÛR ! C'EST UNE ESPIONNE ET... ?!?

SYBIL ! QU'EST-CE QUI SE PASSE ?
HOHO ! J'AI PEUR DE COMPRENDRE !

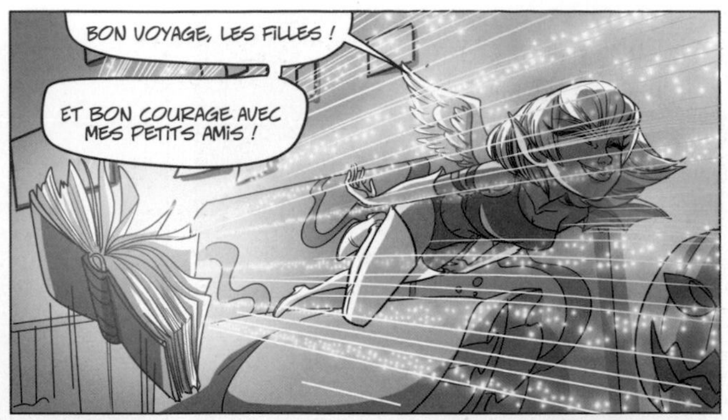
BON VOYAGE, LES FILLES !
ET BON COURAGE AVEC MES PETITS AMIS !

SYBIL ! SYBIL !
ACCROCHE-TOI, NINA !

QU'EST-CE QUI NOUS ARRIVE ? OÙ VA-T-ON ?

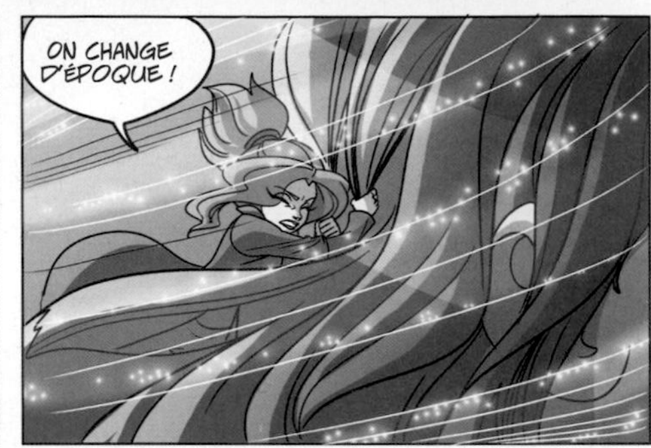
ON CHANGE D'ÉPOQUE !

CHÂTEAU DU CLOS LUCÉ - FRANCE, 1517...

ZBROUAFF !

BONJOUR, DAMOI-SELLE !
EUH... BONJOUR, M'SIEUR !
PAS TROP DE MAL ?

ON Y VA ?
NON, C'EST TROP TÔT !
GNERK ! GNERK ! GNERK !

BON, C'EST BIEN, C'EST BIEN ! PUISQUE VOUS ÊTES LÀ, VOUS ALLEZ M'AIDER !
PASSEZ-MOI LE BOL DE POIX !
LE BOL DE QUOI ?

LÀ ! LE BOL JAUNE ! LA POIX EST UNE SORTE DE GRAISSE.

VOILÀ ! ÇA VA BIENTÔT ÊTRE PRÊT !

?
QUE...

AAAH ! SYBIL ! AU SECOURS ! C'EST QUOI, CES MACHINS ?
DES KROTOS ! DÉBATS-TOI ! ILS VEULENT T'ENLEVER !
ON DIRAIT UNE ESPÈCE EXOTIQUE DE L'AUTARCHOGLOSSA !

ON CHANGE DE SIÈCLE SANS RAISON ! DES KROTOS NOUS ATTAQUENT !
JE SUIS SÛRE QUE L'ON DOIT TOUT ÇA À AMANITE !

PRENDS ÇA, GROS MOCHE !
MES MACHINES !
CRAAAC

MES MAQUETTES ! MES PROTOTYPES ! MISERIA !
VA T'AMUSER DANS LES AIRS, TOI !

BIEN JOUÉ, SYBIL !

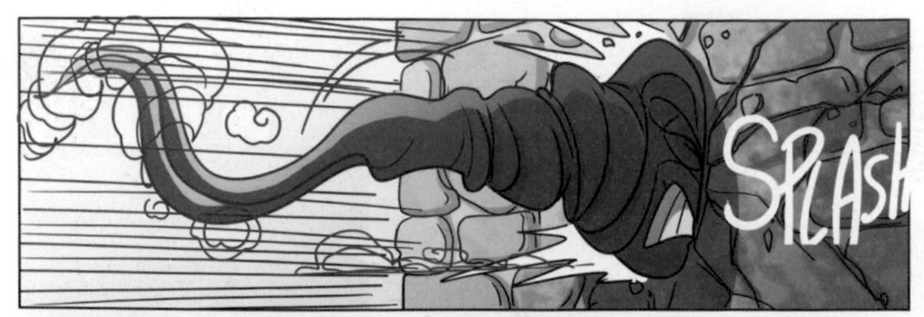
SPLASH

PUF
PUF

AÏE AÏE ! MISERIA DE MISERIA ! POVERO DI ME !

ON NE PEUT PAS LE LAISSER COMME ÇA ! TOUTE CETTE CASSE EST DE NOTRE FAUTE !
TU AS RAISON, NINA ! MÊME SI ON DOIT L'INTERVENTION DE CES VISITEURS À AMANITE...

... ON VA RÉPARER ÇA !
EUH... MONSIEUR LÉONARD, NE VOUS INQUIÉTEZ PAS ! TOUT VA S'ARRANGER ! CE N'EST QU'UN MAUVAIS RÊVE !

GÉNIALEMENT TOP, TON IDÉE DE MAUVAIS RÊVE ! SOMNULAE PASSIFLORE JOUANIGOTE !
NÉO SUPILUS ASSEMBLE POTET !
AOUF !

SUPER, SYBIL ! QUAND IL SE RÉVEILLERA, IL TROUVERA TOUT EN ORDRE ET IL AURA OUBLIÉ JUSQU'À NOTRE PASSAGE !
HMM ! J'ESPÈRE !

FLIPILIP ! FLAP ! FLAP !

?
?

SYBIL ! SYBIL !
OÙ VA-T-ON ENCORE ?
JE SUIS LÀ, NINA !
JE NE SAIS PAS !
ON CHANGE ENCORE DE SIÈCLE ! AMANITE NOUS A BIEN EUES !

PARIS – FRANCE, 1792.
?

QU'EST-CE QUE C'EST QUE CE CHAMBARD ? J'AI PAS ASSEZ DE TRAVAIL COMME ÇA, PEUT-ÊTRE ?
UH ?

ALORS, GAMINE ? JE PEUX SAVOIR POURQUOI TU FICHES EN L'AIR MES PILES DE LINGE PROPRE ?

HOULA ! PRUDENCE ! CETTE BLANCHISSEUSE ÉTAIT TRÈS CONNUE À PARIS PENDANT LA RÉVOLUTION ! ON L'APPELAIT MADAME SANS-GÊNE !
C'EST LA RÉVOLUTION ?

J'SUIS DÉSOLÉE, M'DAME SANS-GÊNE ! JE VAIS TOUT RAMASSER !
ET ELLE M'APPELLE PAR MON SURNOM, L'EFFRONTÉE !

AH AH AH ! TU ME PLAIS, TOI ! ALLEZ, REMETS DE L'ORDRE LÀ-DEDANS ! ET VITE !

C'EST PAS BIENTÔT FINI, LES DISCOURS ? ALORS, IL EST PRÊT, MON HABIT ? LA RÉVOLUTION N'ATTEND PAS !
MINUTE, GÉNÉRAL ! RÉVOLUTION OU PAS, VOUS N'ALLEZ PAS SORTIR DANS LA RUE EN CALEÇON !

MAIS C'EST NAPOLÉON Ier !
PAS ENCORE ! POUR L'INSTANT, IL N'EST QUE LE GÉNÉRAL NAPOLÉON BONAPARTE ! NOUS SOMMES EN 1792, SOIT 12 ANS AVANT LE SACRE. DONC, IL NE TE CONNAÎT PAS ENCORE !

VOICI VOTRE PANTALON : RECOUSU, LAVÉ, REPASSÉ ! ON DIRAIT UN NEUF !
MERCI. PARCE QUE VOUS DEVEZ BIEN COMPRENDRE L'IMPORTANCE DE LA RÉVOLUTION !

C'EST COMME UNE HYDRE À PLUSIEURS TÊTES ! CERTAINES SONT BONNES, MAIS D'AUTRES SONT MAUVAISES !
HYDRE ?!? MAIS OUI !

VITE ! JE DOIS M'ASSURER DE QUELQUE CHOSE.

QU'EST-CE QUI T'ARRIVE, SYBIL ?

C'EST BIEN CE QUE JE CRAIGNAIS !
AMANITE T'A LAISSÉ TROIS KROTOS ! VOICI LE DERNIER !

CE PETIT MACHIN NOIR ? C'EST ÇA, LE MONSTRE ?
DANS L'EAU, IL NE SE DÉVELOPPERA PAS, HEUREUSEMENT !

HÉ, DIS DONC, LA MOUFLETTE, QU'EST-CE QUE TU FAIS AU-DESSUS DE MON EAU REMPLIE DE SAVON ?

REMPLIE DE SAVON ?!?
OH NON !

LES KROTOS ADORENT LE SAVON !
AH BRAVO ! SUPER RÉUSSITE !

MIAM ! TOI GROSSE DODUE ! TOI APPÉTISSANTE !

DODUE ? APPÉTISSANTE ?
PRENDS ÇA, GROSSIER PERSONNAGE !
AOUCH !

ICEUS GELATI MASCUS !

VAS-Y, ATTRAPE-MOI, GROS CRÉTIN !

ZIIIUUUUUW
CRAAAC

WIIIUUSHHHHH

OUAiS ! ON A GAGNÉ !
ON EST TROP FORTES !

BRAVO, PETITE !

UN VRAI PETIT SOLDAT !
ON EST LES MEILLEURES, NINA !

EN ME SAUVANT LA VIE, C'EST NOTRE JEUNE RÉPUBLIQUE QUE VOUS AVEZ SAUVÉE ! JE SAURAI M'EN SOUVENIR, CROYEZ-MOI !

EN ATTENDANT, SI VOUS POUVIEZ ME RÉGLER VOTRE NOTE DE BLANCHISSERIE, CE NE SERA PAS DE TROP.

HiHiHi ! ALLEZ HOP ! ENCORE UN PETIT TOUR À TRAVERS LES SIÈCLES !

MAIS ?...
QUE ?...

HO, HO ! VOILÀ LES PARENTS QUI REVIENNENT... IL VA FALLOIR QUITTER LES LIEUX !

MAIS JE VOUS LAISSE MON PETIT COURANT D'AIR MAGIQUE, LES FILLES, HIHI !
AMUSEZ-VOUS BIEN !

PFFIUU ! QUELLE BAVARDE, CETTE FEMME !
C'EST VRAI QU'ELLE N'ARRÊTE PAS DE PARLER !
NINA ? NINA ?

CLAAC

OUPCH ! CH'EST LES PARENTS DE NINA ! ZUT ! LE LIVRE !
FLAKES
325g
NEW
FLAKES

NINA, TU ES LÀ ? NINA !

CLAC
ET COMME D'HABITUDE, ELLE LAISSE TOUT OUVERT ! ET BONJOUR LES COURANTS D'AIR !

SANS PARLER DE SON DÉSORDRE HABITUEL !

ELLE EST PARTIE À L'ANNIVERSAIRE DE LORIE SANS RIEN RANGER ! NOUS AURONS À CAUSER À VOTRE RETOUR, MADEMOISELLE !

OH NON ! ELLE REFERME LE LIVRE ! ET LÀ-HAUT, JE NE PEUX PAS L'ATTRAPER !

* VOIR TOME 1 : « NINA ».

QUOI ?! NON SEULEMENT TU NE ME RAPPORTES PAS LE DEVOIR FAIT PAR SYBIL, MAIS EN PLUS TU LES AS ENVOYÉES JE NE SAIS OÙ DANS LE TEMPS !

MAIS TU DIS POUVOIR LES RAMENER À NOTRE ÉPOQUE...
OUI, À CONDITION D'AVOIR LE LIVRE !

TRÈS BIEN. PUISQUE TU PEUX ENTRER CHEZ NINA SANS RISQUE, TU VAS Y RETOURNER ET ME RAPPORTER CE BOUQUIN !

PFFF ! Y EN A MARRE DE CES ALLERS-RETOURS !

BONNE NUIT, MES AMIES, REPOSEZ-VOUS BIEN !
BONNE NUIT, MAJESTÉ ! MERCI POUR CETTE BELLE SOIRÉE !
OH OUI ! C'ÉTAIT TROP COOL !

ON VA RESTER ICI LONGTEMPS, SYBIL ?
TOUT DÉPEND DU PANDIGOLE !

IL DOIT ENCORE SE GAVER DE SUCRERIES AU LIEU DE S'OCCUPER DE NOUS ! TU PARLES D'UN ASSISTANT À LA MANQUE !

AOUMPF ! AOUMPF !

AAAH ! VOILÀ LA CALAMITÉ !

ALORS, IL EST OÙ, CE MAUDIT BOUQUIN ?

POURVU QUE PERSONNE NE L'AIT EMPORTÉ !

SI ELLE TROUVE LE LIVRE, ÇA SERA UNE CATASTROPHE !

AH NON ! IL EST LÀ !
LE LOMBARD
LE LOMBARD

MPFF ! UN PEU DE MAGIE POUR POUVOIR LE SOULEVER !
LE LOMBARD

ET VOILÀ LE TRAVAIL !
C'EST UNE CATASTROPHE !

UNE CATASTROPHE ! PLUS PERSONNE NE PEUT LES SAUVER, À PRÉSENT !

ET TU AS VÉCU LONGTEMPS ICI ?
SUFFISAMMENT POUR ÊTRE AMOUREUSE !
OOOH ! NE DIS RIEN, C'ÉTAIT RAMSÈS, C'EST ÇA ?

EN TOUT CAS, MOI, JE NE VEUX PAS RESTER ICI INDÉFINIMENT !
NE T'EN FAIS PAS...
LE CHAPITRE EST CLOS ! N'EN PARLONS PLUS !

... NOUS SOMMES SUR UN AUTRE PLAN ASTRAL : LE TEMPS S'ÉCOULE DIFFÉREMMENT ! CHEZ TOI, C'EST TOUJOURS DIMANCHE, LE JOUR DE L'ANNIVERSAIRE DE LORIE !

HÉÉÉ !
?

QUAND ON PARLE DE LA PESTE...
AMANITE ? LORIE ?!?

BIENVENUE CHEZ MOI, NINA ! TU VIENS POUR MON ANNIVERSAIRE ? HIHIHIHI !
ENFIN JE TE TIENS À MA MERCI ! ICI PERSONNE NE PEUT TE VENIR EN AIDE, MA PAUVRE POULETTE !

TU N'AS PAS LE DROIT DE NOUS RETENIR COMME ÇA ! OUVRE LE LIVRE À LA BONNE PAGE OU JE TE...

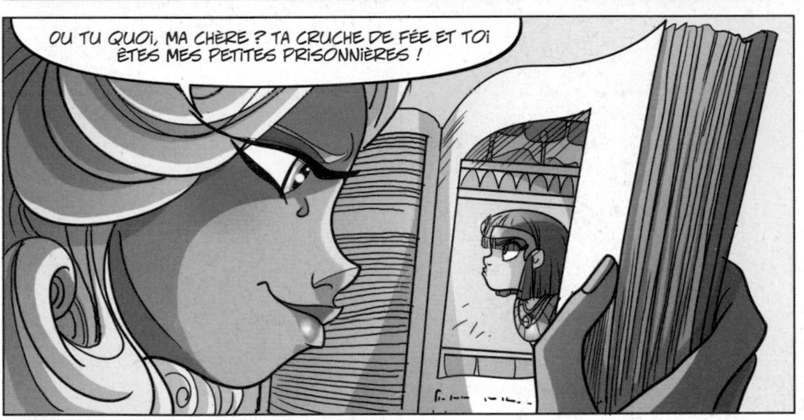
OU TU QUOI, MA CHÈRE ? TA CRUCHE DE FÉE ET TOI ÊTES MES PETITES PRISONNIÈRES !

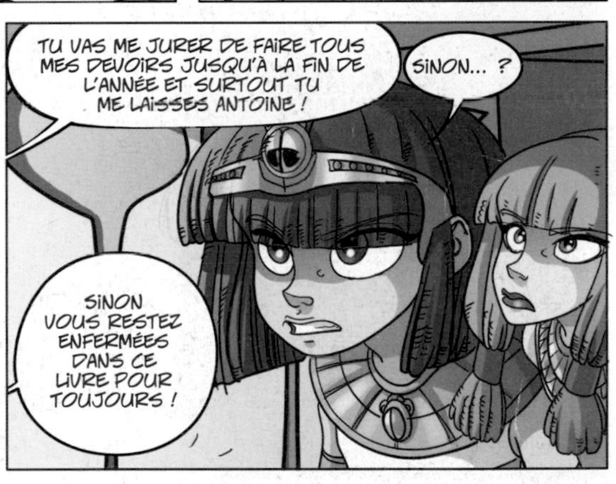
TU VAS ME JURER DE FAIRE TOUS MES DEVOIRS JUSQU'À LA FIN DE L'ANNÉE ET SURTOUT TU ME LAISSES ANTOINE !
SINON... ?
SINON VOUS RESTEZ ENFERMÉES DANS CE LIVRE POUR TOUJOURS !

JE ME FICHE D'ANTOINE ! LORIE, TU ES FOLLE ! TU NE PEUX PAS FAIRE ÇA ! MES PARENTS VONT ME CHERCHER ET...
ÇA SUFFIT, LES PLEURNICHEUSES !
OH, LA BONNE IDÉE !

C'EST MON ANNIVERSAIRE ET JE NE VEUX PAS FAIRE ATTENDRE MES INVITÉS !
RÉFLÉCHIS BIEN, NINA !

LORIIIE ! NOOON ! REVIENS !
BONNE IDÉE ET MAUVAISE SURPRISE, LES FILLES ! HI ! HI ! HI !

JE SUIS CURIEUSE DE VOIR EN QUOI NINA S'EST DÉGUISÉE !
EN BOXEUSE ! AHAHAH !

HÉ ! SALUT, LES MONSTRES ! WOAH ! VOS COSTUMES SONT SUPERBES !
MAIS DÉSOLÉ, NINA EST DÉJÀ PARTIE CHEZ LORIE !

AH BON ? POURTANT ON LUI AVAIT DIT QU'ON PASSERAIT LA PRENDRE !
OH ! LE COUP DE CHANCE !

LA SEULE OCCASION DE RETROUVER NINA ET SYBIL !
VITE ! VITE ! AAARF !

BAH, VOUS ALLEZ BIEN LA RETROUVER CHEZ LORIE ! AMUSEZ-VOUS BIEN !

AARGH ! PAS SI VITE ! ATTENDEZ-MOI !
ELLE EST BIZARRE DES FOIS, NINA !

C'EST PAS GRAVE, HUGO, ON SE SERA MAL COMPRIS, C'EST TOUT !
ARF ! ARF !

JE SUIS UN HÉROS !
JE PEUX Y ARRIVER ! MPF ! MPF !

RHAAA ! J'Y SUIS !

ET LE PLUS DUR NE FAIT QUE COMMENCER.

BONJOUR TOUT LE MONDE ! BIENVENUE À MON ANNIVERSAIRE !
OUI, JE SAIS ! VOUS AVEZ VU MON DIADÈME ?! CE SONT DE VRAIS DIAMANTS.
OH ! COMME TU ES BELLE, LORIE !

REGARDE, JEANNE, TOUT LE MONDE EST ARRIVÉ.
ET JE NE VOIS PAS NINA.

AMANITE ET LORIE SONT BIEN OCCUPÉES !

DONC LE LIVRE EST DANS LA CHAMBRE DE LORIE SANS SURVEILLANCE !

BONJOUR, LES JUMEAUX ! VOS COSTUMES NE SONT PAS TROP MAL !
ON NE PEUT PAS TOUS AVOIR TA CLASSE, C'EST SÛR !

C'EST BIEN VRAI, JEANNE ! ALLEZ, AMUSEZ-VOUS !
TIENS ! IL M'AVAIT SEMBLÉ QUE...

... ET PUIS, JE LE LUI LAISSE, ANTOINE ! IL NE M'INTÉRESSE PAS, CE GARÇON !
TU ME L'AS DÉJÀ DIT CENT FOIS, NINA ! LORIE NOUS A ENFERMÉES À LA PAGE DES PYRAMIDES !

HÉ ! SALUT, ANTOINE !
WOAOH ! C'EST IMMENSE ICI ! COMMENT JE VAIS TROUVER LA CHAMBRE DE LORIE, MOI ?

SNIF ! SNIF ! C'EST LE PARFUM DE LORIE, ÇA.
OH ! À MOINS QUE...

SALUT, HUGO, NINA EST AVEC VOUS ?
BEN NON, ON PENSAIT JUSTEMENT LA RETROUVER ICI !

LES EFFLUVES DE PARFUM VONT ME CONDUIRE JUSQU'À SA CHAMBRE !

WOAH ! C'EST SUPER CHOUETTE COMME AMBIANCE !
ÇA, C'EST ENCORE UN COUP D'AMANITE !

QUELLE PLAIE, CETTE FÉE !!!
?

HÉ ! C'EST QUOI ENCORE, CE DÉLIRE ?
MERCI, AMANITE ! TU AS BIEN RÉUSSI TON COUP !

PFFF ! C'EST LE CHÂTEAU DE VERSAILLES, ICI !

TROUVÉ ! LE PARFUM DE LORIE VIENT DE LÀ.
OUPS ! LE PANDIGOLE D'AMANITE !

AÏE ! AÏE ! IL EST ENCORE PLUS COSTAUD QUE LA DERNIÈRE FOIS !
MAIS JE DOIS SAUVER NINA ET SYBIL !

MAIS QU'EST-CE QU'ELLES VEULENT ?
NOUS !
AMANITE PRATIQUE LA MAGIE NOIRE. CE QUI EST INTERDIT AUX FÉES !

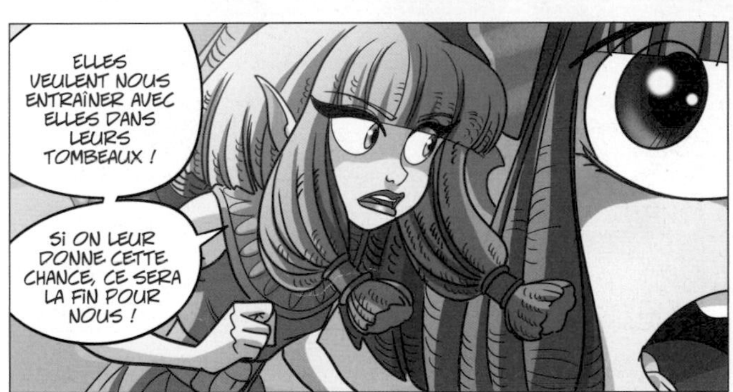
ELLES VEULENT NOUS ENTRAÎNER AVEC ELLES DANS LEURS TOMBEAUX !
SI ON LEUR DONNE CETTE CHANCE, CE SERA LA FIN POUR NOUS !

MAIS ELLE EST COMPLÈTEMENT TARÉE, CETTE AMANITE ! FAUT QU'ON SORTE D'ICI RAPIDEMENT !

HÉ ! LÂCHE-MOI, TOI, AVEC TES BANDELETTES POURRIES !

BON, BEN, QUAND FAUT Y ALLER, FAUT Y ALLER !

LORIE, ÉCOUTE-MOI...

... NINA N'EST TOUJOURS PAS LÀ ! JE SUIS INQUIÈTE !
HÉ, SOIS COOL ! ELLE AURA PRÉFÉRÉ RESTER DANS SON COIN À BOUDER !
CE N'EST PAS LE GENRE DE NINA !

AH BON ? IL LUI SERAIT ARRIVÉ QUELQUE CHOSE, ALORS ?
BEN, JE NE SAIS PAS TROP...
SACHE, MON CHER ANTOINE, QUE NINA EST QUELQU'UN D'ÉGOÏSTE ET JALOUX QUI VOUDRAIT GÂCHER MON ANNIVERSAIRE ! SANS PARLER DE SON CÔTÉ DÉLICAT ! HIHIHI !

SYBIL ! IL EN SORT DE PARTOUT !
COURS, NINA, COURS ! LA SORTIE EST PROCHE !

JE SUIS TOUT SON CONTRAIRE ! VIENS, ON VA DANSER !
AH ? O.K. !
PETITE PESTE !

ELLES SONT TOUJOURS DERRIÈRE NOUS !
QU'EST-CE QU'IL FICHE, LE PANDIGOLE ?

JUSQUE-LÀ, TOUT VA BIEN !

JE T'AI VU, GROS LARD !

OOOH ! QU'EST-CE QUI S'EST PASSÉ ICI ?
ÇA FAIT PARTIE DU SORT JETÉ PAR AMANITE. TOUT LE MONDE A ÉTÉ PARALYSÉ.

ET LES MOMIES AUSSI ?
JE CRAINS FORT QUE NON...

ON DIRAIT DES STATUES. ILS SONT MORTS ?
NON, JUSTE FIGÉS LE TEMPS QUE LES MOMIES NOUS CAPTURENT !

ALORS, GROS LARD, ON VEUT ME DÉFIER ? TU T'ES BIEN ENTRAÎNÉ ? HÉ ! HÉ ! HÉ !
BÉÉ, EUH...

ALLEZ, VIENS TE BATTRE !
COOL... ON POURRAIT DISCUTER UN PEU, NON ? POURQUOI TANT DE VIOLENCE ?

TU CROIS QU'ELLES SONT ENCORE LÀ ?
OUI, CE SILENCE N'EST PAS NORMAL !

AAAHH !
J'EN ÉTAIS SÛRE !

CRUNK !
SYBIL ! FAIS QUELQUE CHOSE ! ENVOIE-LEUR DES SORTS ! ÇA NE PEUT PLUS DURER !

MALHEUREUSEMENT, MA MAGIE BLANCHE NE PEUT RIEN CONTRE DE LA MAGIE NOIRE !
PANDI-GOOOLE !!!

GNÉÉÉ !
BAF !

GNORK ! GNORK ! GNORK! UN PEU TENDRE, CAMARADE !
HUUU...

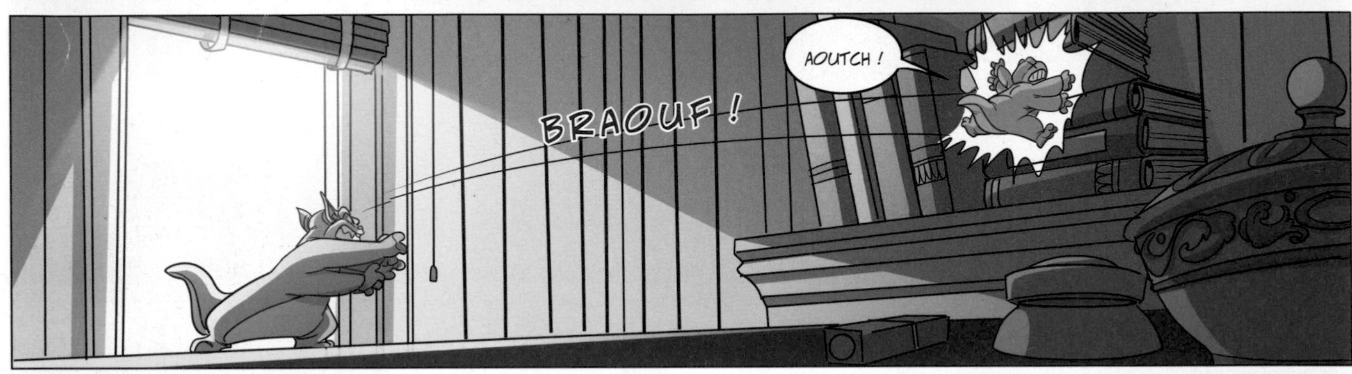
AOUTCH !
BRAOUF !

HÉÉÉ !
IL Y EN A ENCORE PLUS, SYBIL !

NINA ! À MOI !

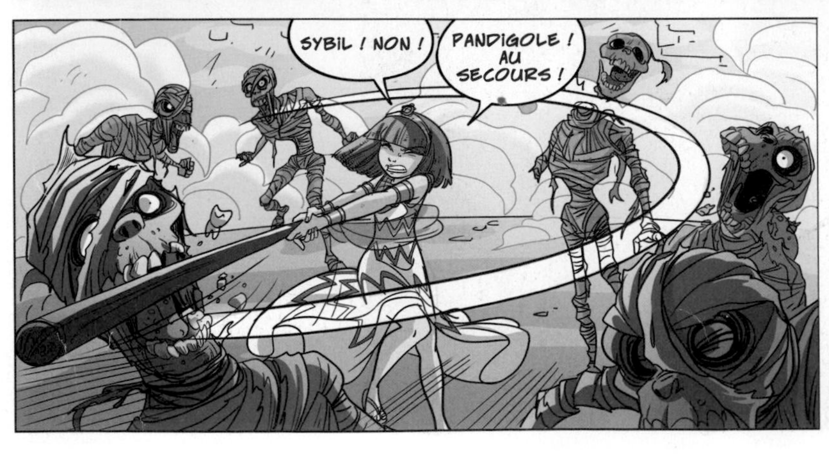
SYBIL ! NON !
PANDIGOLE ! AU SECOURS !

LA PROCHAINE FOIS, VIENS AVEC DES COPAINS, GROS LARD ! GNORK ! GNORK ! GNORK !

SYBIIIL !
NINA !

C'EST FINI ! PERSONNE NE POURRA PLUS RIEN POUR NOUS !
PAPA ! M'MAN ! À L'AIDE !

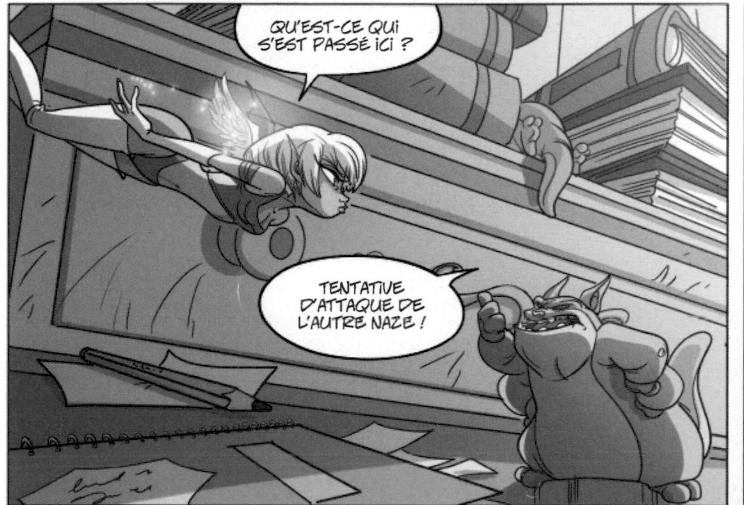
QU'EST-CE QUI S'EST PASSÉ ICI ?
TENTATIVE D'ATTAQUE DE L'AUTRE NAZE !

MAIS IL NE FAISAIT PAS LE POIDS ! HÉ HÉ HÉ !
BRAVO !

PRENEZ DONC UN PEU DE LECTURE ! MGGNFF !

BLAAARFF !!!!
OUTCH !
HUNGN !

ALORS, ON SE CULTIVE, LES AMIS ? HI HI HI !

AH, VOILÀ LE LIVRE D'HISTOIRE ! VITE !

BON SANG DE LUTIN ! C'EST À QUELLE PAGE DÉJÀ ?

HÉÉÉ !
IL A RÉUSSI ! YEEES !
QU'ON NE ME PARLE PLUS DE CE VILLAGE GAULOIS ! MPFFF !
OUPS ! DÉSOLÉE !
?
TIENS ?! JEANNE D'ARC !
BONJOUR, JEANNE !
EXCUSEZ-NOUS, M'SIEUR !
SALUT, D'ARTAGNAN !
AÏE AÏE ! PARDON, SIRE !
ON A ARROSÉ LE ROI SOLEIL ! HI ! HI ! HI !
OUPS ! C'EST DANGEREUX, LÀ ! ON ARRIVE BIENTÔT ?
GRRR ! CE PANDIGOLE !
JE NE ME RAPPELLE PLUS ! ZUT DE CROTTE DE TROLL ! QUELLE PAGE DÉJÀ, QUELLE PAGE ?

ÇA Y EST ! JE SAIS !
LES BONBONS ! NAPOLÉON !

LA VOILÀ ! J'ESPÈRE QUE ÇA VA MARCHER !
POURVU QU'ELLES SOIENT LÀ !

ALORS ?

?

OH ! QUELLE BELLE SURPRISE !
OUF !

LA PETITE NINA ! MA SAUVEUSE !
L'ESPIONNE !

IL NE ME PREND PLUS POUR UNE ESPIONNE !
NORMAL ! CHRONOLOGIQUEMENT LA BAGARRE DANS LA BLANCHISSERIE EST ANTÉRIEURE À VOTRE PREMIÈRE RENCONTRE !...

DONC DANS SA MÉMOIRE, ÇA L'A REMPLACÉE !
EUH... SI TU LE DIS !
TA ROBE N'EST PAS VRAIMENT À LA DERNIÈRE MODE ! NI TA COIFFURE D'AILLEURS !

C'EST POUR RENDRE HOMMAGE À VOTRE BRILLANTE CAMPAGNE D'ÉGYPTE, SIRE !
OH, QUELLE DÉLICATE ATTENTION !
HI HI ! TU APPRENDS VITE !

POUR M'AVOIR SAUVÉ LA VIE, JE TE DÉCERNE LES TITRES DE DUCHESSE D'ALBA, PRINCESSE DE CUMBRIA ET MARQUISE D'EILEAN DONAN.
PFIUU... RIEN QUE ÇA ! MERCI, MAJESTÉ !

VOICI VOS TITRES, PRINCESSE NINA.
EUH... MERCI, M'SIEUR !
ALLONS ! PRESSONS ! MON SACRE NOUS ATTEND !

... SON ALTESSE LE DUC D'ERNESTOBIANCO, LE GÉNÉRAL DALENA ET MADAME, LE VICOMTE VAN MEERBEECK, LA MARQUISE DE RAZZI...

EUH... SON ALTESSE, LA PRINCESSE NINA !
WOAH ! C'EST CLASSE, CE TRUC !

C'EST GÉNIAL, SYBIL ! TU TE RENDS COMPTE, J'SUIS UNE VRAIE PRINCESSE !
JUSTEMENT, VOTRE ALTESSE...

... TOUT A UNE FIN. NOUS DEVONS PARTIR.
OOOH ! DÉJÀ ! C'EST DOMMAGE, ON RIGOLAIT BIEN !

BALAYOUR CAMINO SPUZA COLIBRIUS.
CIAO NAPO !

BON ALORS, OÙ EST LORIE ? J'AI DEUX MOTS À LUI DIRE !
BRAVO, PANDIGOLE ! TU AS ÉTÉ SUPERBE !

CETTE CHÈRE AMANITE EN A POUR UN BON MOMENT ! POUR UNE FOIS QU'ELLE OUVRE UN LIVRE ! HI HI HI !
ALLONS-Y ! LA VOIE EST LIBRE !

SALUT TOUT LE MONDE !
NINA ! ENFIN !

MAIS... MAIS... MAIS...
ARRÊTE DE BÊLER, ON DIRAIT UNE CHÈVRE !

HELLO, NINA ! TU DANSES ?
OH OUI ! AVEC PLAISIR, ANTOINE !

ET JOYEUX ANNIVERSAIRE, LORIE !

ET AMANITE QUI N'EST JAMAIS LÀ QUAND IL FAUT ! ELLE VA M'ENTENDRE, CELLE-LÀ !

… ET ALORS, J'AI FEINT LE K.O. …
WOAH, DIS DONC !
… ET JE LES AI ASSOMMÉS TOUS LES DEUX, AMANITE ET SON PANDIGOLE, D'UNE SEULE MAIN !
OOOH !
MAIS TU ES BLESSÉ ?
LAISSE, BABY ! CE N'EST RIEN !
DIS DONC, LE HÉROS, J'AI UNE RÉCOMPENSE POUR TOI !
LA FACTURE DES CONSOMMATIONS DE LA DERNIÈRE FOIS !
GAAASP !
FIN DE L'ÉPISODE
HÉ ! HÉ ! HÉ ! CERTAINES ÉPREUVES SONT TROP DURES POUR LES HÉROS !
AH ! AH ! AH !
OH ! OH ! OH !